La
Dieu

La Dieu

Roman initiatique

de

Danny KADA

© Éditions Elfheim, 2016.
Tous droits réservés.
ISBN : 978-2-9557511-0-7
Danny Kada 16 Boulevard Saint-Conwoion
35000 RENNES
Imprimé par Create Space – États-Unis
9,90 € TTC
Dépôt Légal Juin 2016

Design couverture : Bruno Champeyrache

à ma fille et à Yvonne,
qui m'ont appris à aimer et à donner.

« On ne voit bien qu'avec le cœur, l'essentiel est invisible pour les yeux. »
Antoine de Saint-Exupéry

« Je suis la lumière du monde »
Jean 8 : 12

« Je suis le chemin, la vérité, la vie... »
Jean 14 : 6

- 1 -

Non, vraiment, elle n'aurait jamais dû être là.
Par quelle incongruité cette femme immobile et
comme d'un autre monde se trouvait-elle incluse
dans le paysage si vivant ?

En cette côte - sauvage jusqu'à la violence -
toutes les couleurs, toutes les formes, tous les bruits
et les mouvements se rejoignaient pour agresser,
heurter, déchirer.

Non, vraiment, elle n'aurait pas dû être là,
impassible et lisse, tache claire aux contours
alanguis que les vagues déchiquetées attaquaient
sans relâche.

La mer furieuse semblait s'appliquer à broyer les rochers aux profils acérés, et l'on ne savait pas trop ce que l'on devait redouter le plus : du mugissement infernal ou de la danse diabolique de cette mer en transes.

Les touffes de bruyère violette et rose juxtaposées aux touches jaunes des genêts crevaient la toile verte de l'herbe.

Et cette peinture naïve étalait maladroitement ses couleurs trop crues sous un fond de ciel recouvert par les pièces d'un puzzle géant en camaïeu de gris :

certaines, presque blanches, prenaient le reflet doré du soleil qu'elles cachaient; d'autres, empruntaient à l'acier son poli et sa brillance; d'autres encore noircissaient l'horizon. Mais toutes se modifiaient de seconde en seconde en étranges anamorphoses nées sans doute dans l'œil magique d'un kaléidoscope cosmique.

Non, vraiment, elle n'aurait pas dû être là, forme immobile et silencieuse, harcelée par les cris vengeurs des milliers d'oiseaux la guettant comme une proie qui finirait bien, de lassitude, par relâcher sa vigilance extrême et s'endormir dans cette pose lascive et humble, en ce lieu où la tempête se déchaînait.

On devinait à leurs vols précis et lancinants qu'elle était le but ultime et la raison secrète des multiples arabesques savamment entrecroisées au-dessus d'elle, comme elle était en réalité la cible unique de la mer en fureur dont chaque vague l'approchait davantage.

Immobile et silencieuse, tache claire et lisse aux contours alanguis, la femme se devait donc d'être là pour polariser vers elle - victime consentante et offerte - toute violence à venir.

- 2 -

Désignée pour être l'écriture de cette femme, pouvais-je la qualifier de victime alors qu'elle était cette substance éthérée de l'air, qu'elle se fondait en elle jusqu'à devenir un souffle lumineux qui imprégnait de son aura chacun de ses gestes, chacune de ses paroles silencieuses ?

Dressée face à l'océan, elle ressemblait à quelque grande prêtresse antique s'offrant en sacrifice, ou à ce druide dont elle avait recueilli la sagesse née de toutes ses mémoires orales accumulées au fil des siècles.

Mais avait-elle toujours été cette femme sans âge et comme hors du temps ?

Il y avait eu, dans son enfance, un soir particulier. Alors que la nuit était déjà tombée, elle avait poussé une vieille grille de fer rouillé et elle s'était trouvée dans un jardin laissé à l'abandon.

Les pieds dans l'herbe haute, elle avait voulu regarder le ciel étoilé, mais elle s'était cogné à lui car elle le touchait.

Pendant un bref instant, elle s'était alors sentie arche d'alliance entre le ciel et la terre.

Et sa vie n'avait été ensuite qu'un long fil de soie dont elle tissait l'échelle géante qui permettrait un jour aux hommes d'accéder au Palais Céleste.

Puisqu'elle était le lien entre terre et ciel, elle serait donc le lien entre les hommes et Dieu.

- 3 -

Longtemps, elle avait attendu, agenouillée devant l'icône de cette Vierge à l'Enfant, dont les ors et les rouges, tels la flamme d'une bougie, éclairaient sa chambre. Dans le silence intérieur de sa solitude, elle avait senti cette mère douce et grave lui sourire.

Et c'est cette nuit-là que le rêve était revenu.

Le sourire s'était transformé en deux mains qui épousaient la forme de sa tête sans la toucher cependant. Et elle sentait leur chaleur protectrice et apaisante.

C'est alors qu'elle s'était aperçu que sa tête n'était autre que la terre, et ce qu'elle avait toujours considéré comme son nez, sa bouche et ses yeux, des parcelles de continents que chaque mouvement de ses joues océanes jetait à la dérive.

Et puis les mots étaient venus nombreux, vomis par sa bouche volcanique. Sortis du plus profond de ses entrailles, ils avaient coulé, brûlants et informes, répandant hors du cratère leur lave dévastatrice.

Le monde avait tremblé. Les eaux avaient monté. Des montagnes avaient surgi et d'autres avaient été englouties tandis que les mots criaient, hurlaient, déchiraient l'espace à coups de dents et de griffes.

Et ces mots qui lacéraient le paysage cosmique disaient toutes les souffrances, toutes les peurs, les trahisons et les bassesses, les guerres et les ruptures.

Puis leur flot s'était modifié : ils jaillissaient maintenant en jets de silex acérés, explosant dans un vacarme assourdissant.

Peu à peu le grondement de tonnerre décrut, et vint le murmure de l'orage apaisé.

La pierre des mots se sculpta en formes adoucies et les couleurs réapparurent. Les bleus et les verts, les ors et les pourpres, les bruns et les violines. Tous les mots n'étaient plus que des teintes qui éclataient en feu d'artifice.

Alors elle retrouva les mots secrets, ceux que l'on n'ose pas même se chuchoter dans la solitude d'une nuit obscure.

Puis elle réinventa les mots d'amour, ceux que nul jamais ne lui avait dits, ceux que nul n'avait même pensés. Et elle redécouvrit, ensevelis par des limons millénaires, ce qu'étaient les mots de la Vie. Et le Verbe, créateur, naquit à nouveau dans le silence galactique.

Au matin, elle s'éveilla, sereine et souriante, et ne fut guère surprise de constater dans le miroir que la géographie de son visage s'était modifiée pendant son sommeil.

Devenue miroir des âmes, car elle avait vécu et la vie et la mort, elle sut que désormais chacun pourrait se chercher dans son regard, se reconnaître dans son sourire et se retrouver en elle.

- 4 -

C'est alors que la tornade spiralée avait soulevé pour elle les sables du passé.

Et la Ville de pierre et de terre lui était apparue dans la splendeur de ses rouges chatoyants et de ses ors ensoleillés.

Plantée sur la colline sèche, la Ville semblait se fondre avec les ocres de la terre dont elle était issue. Elle mêlait ses chairs rosées d'enfant née de ce lieu aride aux chairs écorchées de la terre nourricière.

Tout à la fois sobre et majestueuse, la Cité se découpait sur le bleu du ciel, dressant ses remparts comme des boucliers de lumière.

Et la lumière semblait en effet jaillir de ce lieu situé aux confins du désert.

Était-ce le reflet du soleil couchant ou bien une luminosité propre à la pierre elle-même qui faisait que, dans l'écrin du ciel, la colline resplendissait comme un bijou que sertissait la pierre précieuse de la Cité ?

La lumière, bien que vive, n'était pas aveuglante mais paisible et douce.

La femme se rappela être entrée dans la Ville et entendit de nouveau le silence qui l'habitait.

C'était un silence comme elle n'en avait rencontré nulle part ailleurs. Un silence d'une telle intensité que le moindre respire, que le plus faible souffle de vent l'aurait déchiré.

C'était un silence d'harmonie qui portait en lui-même l'achevé et comme un goût de perfection.

Un silence immobile mais cependant vivant, dont le cœur palpitait dans la pierre de chaque construction.

La Ville semblait déserte.

Seules, les traces dans la poussière disaient les présences, évanouies depuis un instant ou peut-être des siècles.

La femme reçut alors comme une offrande le long chant monocorde qui s'éleva à travers les murs épais d'un lieu secret et obscur.

Elle était donc attendue.

Et ce chant la ramena soudain, par quelque mystérieux lien souterrain, jusqu'à la grille rouillée de son enfance qui se superposait à la porte de bois finement ouvragé qu'elle venait de pousser.

- 5 -

Souvenir de l'enfance ou bien réalité présente, elle trouva dans sa poche l'objet témoin de ce temps-là, cette Vierge qui ne la quittait jamais et dont elle s'inventa l'histoire.

Elle aurait été, dans les premiers temps, un objet de bois frustre, à peine taillé, que l'on aurait deviné davantage sculpté par le Destin que par la volonté humaine.

Puis, peu à peu, les caresses l'auraient modelée et le bois ainsi façonné aurait repris vie et intensité. Alors, la main profanatrice devenue créatrice n'aurait plus osé se poser sur le corps palpitant, l'effleurant à peine en un geste d'amour infini.

Et cette Vierge vivante n'aurait pu préserver son désir qu'en le drapant d'un grand voile blanc d'épousée de Dieu, c'est à dire en l'habillant d'un drap immaculé lui servant de linceul.

Et le désir bâillonné se serait tu, à jamais muet et intact, ne redoutant plus rien de l'usure des ans.

Mais comme tout trésor enfoui aux profondeurs des mers, bien qu'intact, il serait mort.

Parfois aussi, elle s'inventait une autre histoire. C'était celle d'une vierge-enfant, une petite fille aux boucles blondes dont le regard traversait les objets et les hommes.

La petite fille, par un soir clair, s'était égarée dans un endroit sauvage, un vieux jardin abandonné que clôturait un mur de pierres disjointes et dont la grille vétuste avait dû grincer lorsqu'elle l'avait poussée.

On n'avait jamais très bien su ce qu'il s'était passé cette nuit-là.

Et même moi, qui suis pourtant désignée pour être son écriture, je ne possède aucune certitude.

Car lorsqu'on l'avait découverte le lendemain matin couchée dans l'herbe haute et les yeux grand ouverts fixant le ciel, elle avait refusé de parler.

Pendant des jours, elle était ainsi restée muette, nul ne pouvant ni la toucher ni même l'approcher, semblable à la statuette de bois lisse à laquelle elle semblait s'agripper.

On n'avait donc jamais très bien su ce qu'il s'était passé cette nuit-là, quand la grille rouillée de l'enfance avait été poussée, mais on avait compris que la légende de cette vierge-enfant avait pris naissance dans l'épaisseur absurde de ce moment étrange qui échappait au temps.

- 6 -

C'était probablement de cet instant qui avait échappé à la mémoire des hommes que remontait sa certitude d'être un pont suspendu qui reliait deux mondes.

Alors, comme on colmate une brèche avec ténacité et ferveur, la femme s'employait, afin que la construction céleste ne s'effondrât pas, à désamorcer les sanglots en les pulvérisant de son amour qui les transformait en autant de parcelles de rires d'étoiles.

Et cette Arche d'Alliance qui s'élançait pour relier les contraires dans un embrassement d'arc-en-ciel, permettait aussi à chaque élément de s'épanouir dans sa profonde individualité. Peu à peu, les oppositions et les antagonismes disparaissaient pour ne laisser place qu'aux différences tellement riches de leur complémentarité.

La Création entière retrouvait l'Harmonie originelle.

Et vint le jour où l'Arche relia non seulement la Vie à la Mort, mais aussi la Mort à la Vie, dans une réconciliation universelle qui tua définitivement la peur.

Le rêve avait été si beau, baignant dans une lumière d'or d'une blancheur éclatante et pourtant douce, que la femme s'éveilla toute emplie de cette vision future.

Mais il lui fallait maintenant relier le rêve à la réalité sordide d'un monde moribond.

Alors que le cocon de moelleuse tendresse laissée par son rêve nocturne l'habillait encore de son aura protectrice, elle fut soudain agressée par l'explosion d'une machine à souffrances.

La guerre venait la chercher jusque dans sa rue, et la Terre elle-même trembla et gronda, un peu partout, couvrant les querelles et les cris de haine et de douleur de tous ceux en mal d'eux-mêmes.

Longtemps, elle se tint immobile dans un profond et puissant silence de cathédrale.

Comme si par cette infinie paix intérieure elle allait combattre la guerre et la violence des éléments.

Comme si par ce silence elle allait faire taire le tumulte autour d'elle.

Longtemps, elle resta ainsi, pétrifiée en une pierre de Vie, émettant une vibration de silence à faire taire l'orage lui-même.

Et le calme revint peu à peu en effet.

Les disputes et les courses folles, les égarements et les hurlements cacophoniques tentèrent bien de se réinstaller une nouvelle fois.

Mais c'est alors que la femme fit appel à ceux qui la suivaient depuis longtemps déjà, et qu'une paix silencieuse et joyeuse absorba progressivement les vestiges discordants du monde ancien.

Restaient les souvenirs fossilisés, inscrits dans le calcaire des mémoires transparentes où chacun pouvait puiser et déchiffrer à livre ouvert sa propre histoire et celle de toute l'humanité, dans une langue à trois temps dont la mélodie s'accordait à la danse des étoiles.

- 7 -

Elle comprit qu'il lui fallait maintenant remonter le courant de ce fleuve d'éternité pour parvenir de nouveau à rejoindre la vraie vie. Et pour cela, ne plus se raconter d'histoires.

Pour que les mots se taisent il lui fallait agir.

Et la femme partit tout d'abord à la recherche de ses gestes. Elle réinventa chaque mouvement pour lui redonner son sens véritable. Marcher, s'asseoir, caresser ou laver, chacun de ses gestes quotidiens fut bientôt habité de conscience.

Et les gestes parlèrent.

Et les gestes eux-mêmes racontèrent l'histoire.

Elle gravissait une colline sèche sous le soleil torride, et ses pas fatigués traînaient dans la poussière du chemin.

Elle avait mal.

Elle souffrait dans son corps meurtri, mais surtout de l'abandon et même de la trahison future de ceux qui la suivaient et peinaient avec elle.

Elle savait tout cela, et même le pardon qui répondrait à cela, tandis que ses pas avançaient et gravissaient le chemin bordé de troncs noueux qui disaient d'autres arbres à venir.

Parfois, ses paupières se fermaient.

Peut-être était-ce pour abriter son regard du trop grand soleil, ou pour caresser des souvenirs d'enfance et d'herbe haute, ou bien pour retenir une larme qui montait de son corps assoiffé et comme desséché par la lente ascension.

Parfois aussi, elle trébuchait sur une pierre de ce sol rocailleux sans qu'un bras ou une main ne la retînt.

Elle était seule.

Ceux qui lui étaient attachés la suivaient, mais elle allait solitaire.

Et l'on sentait bien qu'elle cherchait elle-même à rompre le lien de dépendance qui les retenait à elle, car elle était devenue le chemin qui conduit au sommet, et ils se devaient maintenant d'avancer sans elle.

Alors, dans l'embrasement d'un morceau de soleil brisé sur la montagne, elle se fondit dans la lumière aveuglante et retourna d'où elle était venue, retrouvant pêle-mêle ses souvenirs de lande et de tempête, de vierge-enfant et d'herbe haute que ponctuait la petite musique conjuguée aux trois temps de sa vie.

- 8 -

Elle rêva d'une enfance qui n'était pas la sienne.

Une enfance de douceur et de miel, d'orange sucrée et de lumière dorée.

Une enfance en étoffe de velours dont les notes cristallines s'échappaient d'une flûte magique.

Mais bientôt, elle laissa glisser à ses pieds cet habit de Princesse des Mille et Une Nuits qu'elle portait maladroitement, pour revêtir une autre enfance dont elle avait l'écho en elle.

Alors, corps décharné, elle connut le goût des cailloux que l'on suce. L'esprit vide de toute pensée, elle ne fut plus qu'un ventre énorme et affamé.

A l'angoisse succéda la souffrance, intolérable.

Puis vint le néant cotonneux qui la rendit lointaine et même inaccessible, bien que nul ne se préoccupât de sa présence car elle était déjà pierre confondue à la pierre. Ses yeux exorbités semblaient scruter en vain l'Invisible Présence.

Enfant-vieillard, immobile, assise sur le sol rocailleux et désertique, elle attendait la mort les yeux grand ouverts sans qu'aucune étincelle d'espoir ni aucune flamme de désespoir ne vînt troubler son regard impassible.

Longtemps après qu'elle eût fermé les yeux, elle s'éveilla à d'autres souvenirs d'enfance.

Mais était-ce elle ou bien une autre cette enfant silencieuse qui lisait les pensées des adultes et qui, devant tant de laideurs maquillées, ne pouvait que sourire en silence pour ne pas hurler sa blessure, et continuer de vivre, muette et comme imperturbable ?

Mais était-ce elle ou bien une autre qui approcha la mort de si près qu'un peu de Lumière de l'Au-delà resta accrochée à sa chevelure et à son regard ?

Elle ne savait plus bien à qui appartenaient ces enfances qui lui revenaient par bribes : lambeaux de frayeurs nocturnes ou gestes inachevés, secrets chuchotés, odeur écœurante et familière d'escalier où se mêlaient urine et eau de Javel, cire et relents de cuisine un peu rance.

Il y avait aussi ces espaces infinis de ciel, de mer et de sable qui éclairaient de leur luminosité les pièces du puzzle géant - mais était-ce le même ou bien un autre encore ?

Toutes ses mémoires et tous ses rêves se superposaient, s'enchevêtraient et tissaient grâce au lien d'herbe haute un drap qui servirait d'habit à une vierge-enfant oubliée.

- 9 -

Un matin, elle s'éveilla et vit l'aube qui habillait le ciel d'une robe de fête.

Elle sentit dans sa bouche et dans ses yeux un goût de miel et d'orange douce qui lui parlait de la Cité de Lumière endormie sur la colline.

Elle ne pouvait pas ne pas se souvenir.

Et elle crut même entendre le chant monocorde et reconnaître l'intensité du silence.

Alors, dans un bruissement d'étoffes froissées et d'ailes qui se déploient, elle naquit à ce jour, nymphe de lumière brisant la coquille d'obscurité de l'œuf terrestre.

Un voile vaporeux de brume matinale qu'irisaient les premiers rayons d'un soleil encore invisible l'habilla de ses ors.

Et c'est l'éclat de son irradiante blancheur virginale qui parut éclairer la Terre, l'espace d'un souffle suspendu.

Puis l'horizon accoucha de l'astre divin dans le plus grand silence. Et les draps tissés d'or se souillèrent de sang dont les traînées s'effilochèrent, absorbées peu à peu par l'étoffe du ciel.

Majestueuse et comme transparente, la femme se dressait, immobile, face à la béance rougie de souffrances qui crevaient la vitre brisée du ciel dont les fêlures - sans doute provoquées par le jet d'un caillou géant - ne s'étalaient qu'horizontalement.

Alors, posant son regard sur le chaos gisant à ses pieds, elle devint Celle qu'elle était, coïncidant exactement avec toutes ses mémoires antérieures, rêvées, reçues, achetées ou furtivement dérobées.

Et la Reine du Midi se mit en marche.

Elle retrouva des gestes et des odeurs d'autrefois et fut même assaillies d'émotions au détour d'un chemin rocailleux, parce qu'un chèvrefeuille odorant lui rappela - sans même qu'elle sût pourquoi - une grille rouillée noyée d'herbes hautes.

Elle découvrit, oubliée au fond d'une poche, la vieille statuette en bois à peine ouvragé représentant une Vierge-enfant.

Les caresses autant que les siècles l'avaient patinée et, lui donnant une chaude couleur, la faisaient paraître vivante.

Et puis la femme retrouva en elle - trésor gardé intact enfoui au fond des mers - un amour absolu que, tel un souffle de vie, elle répandit généreusement sur son passage.

Sereine, éclatante de lumière et complètement irréelle dans ce paysage de souffrances et de désastres, la femme semblait animer tout ce qu'elle touchait et tout ce qu'elle approchait.

C'était comme si les cailloux du chemin s'étaient mis à vibrer, les arbres à chanter et l'air autour à étinceler de millions d'étoiles microscopiques.

Et pourtant, la femme savait qu'elle n'était qu'au début du voyage.

Croix vivante dressée, elle savait qu'elle devait maintenant relier le Ciel à la Terre et bâtir l'Arche d'Alliance entre les deux portes de l'horizon.

- 10 -

Il aura fallu des siècles pour que la femme alors différenciée de l'homme - après s'être confondue en lui dans une étreinte de chairs fusionnées - redécouvre enfin leurs différentes similitudes et leurs semblables différences.

Ils étaient à la fois Un et Deux, et donc forcément Trois. Elle, lui et le couple. Le Père, la Mère, l'enfant. Le Père, le Fils et l'Esprit.

Les trois sommets d'une même montagne, reliés en un triangle bleu.

La femme regarda l'homme et reconnut son regard, fatigué d'avoir tellement cherché, illuminé d'avoir enfin trouvé.

Et la femme dont je suis l'écriture, se mit à lire dans le regard de l'homme.

Et la femme déchiffra l'enfance solitaire, les rencontres fulgurantes et les ruptures-déchirures.

Elle lut les peurs anciennes qui avaient creusé comme des crevasses en son cœur, et elle pansa les plaies béantes.

Elle lut le silence de l'obscurité, l'absence de tendresse, l'absence de caresses qui avaient laissé leurs griffures sculptées dans sa chair de souffrance.

Elle lut l'émerveillement provoqué par un sourire ou un voile de nuage, par une larme se transformant en pétale de fleur, par un souffle de vent chiffonnant la tignasse blonde d'un champ de blé l'été.

Le regard de l'homme avait stratifié ses souffrances anciennes maintenant recouvertes de joyeuse sérénité.

La femme lut dans le regard, puis elle sourit à l'homme, et la lumière du soleil parut soudain plus vive.

Cet homme, elle le connaissait bien. C'était son frère, c'était son père, c'était son fils et son amant.

Il était à la fois tous les hommes entrevus, rencontrés ou aimés, et tous ceux dont le chemin ne croiserait jamais le sien.

Il était celui qui...

Longtemps, elle l'avait espéré, trébuchant sur les routes pierreuses, suant sous le soleil torride, allant vers lui confiante, sachant que son regard gris-bleu aux reflets vert doré l'attendrait au bout du chemin.

Elle lui sourit, ou peut-être n'eut-elle pas à lui sourire car elle n'était rien d'autre qu'un sourire.

L'homme regarda la femme, sut qu'il venait de rencontrer la Vie, et il s'agenouilla à ses pieds en un geste d'humilité et d'offrande.

- 11 -

L'homme choisit l'instant où le jour prend naissance et il se dirigea vers la plage de sable fin.

A la clarté d'un soleil encore rose de sommeil, il plongea dans la mer, lavant d'un coup toutes ses hontes anciennes, se débarrassant de son passé qui l'habillait d'un vêtement déguenillé et sale.

Purifié par ce bain, il sortit de l'eau, le regard lavé de ses souffrances anciennes.

Alors il pensa à la femme qui s'était trouvé là, à la frontière de sa non-vie, et il entreprit de lui écrire.

Il traça lentement, sur l'ardoise de sable mouillé, des mots qui disaient la lumière, le soleil, la clarté et le miel. Des mots qui parlaient de tendresse et d'amour et de paix. Des mots qui ruisselaient en cascades musicales.

Il écrivit longtemps de ces mots inconnus qui disaient le bonheur et la sérénité, qui affirmaient l'espoir et chantaient les couleurs, des mots tout ronds et doux comme des mots en peluche que l'on serre sur son cœur le soir avant de s'endormir.

Il savait confusément que cette première rencontre serait la seule. Mais curieusement, il n'en souffrait pas, tout à la joie d'avoir croisé la vie dans le regard et le sourire de cette femme inconnue et pourtant familière.

Il savait qu'il pourrait lui écrire et même lui parler et que le vent lui porterait son message.

Il savait que leurs regards croisés avaient scellé un pacte silencieux et qu'ils étaient maintenant liés, irrémédiablement.

Il savait aussi que seule la mort, peut-être, pourrait les réunir.

Et il partit en souriant, sans même se retourner sur la tache rouge sombre que sa brutale intrusion dans la mer avait provoquée dans les eaux vierges qui maintenant saignaient et gémissaient.

- 12 -

Par delà l'espace et le temps, le message parvint à la femme et elle n'entendit plus que le prénom qu'il lui avait donné.

Kaz-Évane, murmura-t-elle, comme pour se pénétrer de ce parfum exotique qui lui rappelait l'éden d'un jardin abandonné dont elle avait jadis poussé la grille rouillée.

Kaz-Évane, répéta-t-elle dans un souffle, comme pour effacer le grincement de la grille sur ses gonds.

Kaz-Évane, chuchota-t-elle derrière ses paupières closes, pour retrouver la mélodie du mot murmuré par le vent à la vierge-enfant perdue dans l'herbe haute.

Kaz-Évane, reprirent le chant des oiseaux et la voix de la vague qui venait mourir à ses pieds avec un peu d'écume blanche au coin des lèvres.

La nature toute entière parut s'approprier le mot magique et le répéta en écho, comme s'il s'était agi d'une clef secrète susceptible d'ouvrir toutes les serrures du monde.

Alors la femme décida de répondre à l'homme.

Puisque déjà les vagues avaient effacé le message dont les lettres délavées étaient reparties à la mer, elle utilisa le vol des mouettes pour dessiner au ciel les méandres de ses mots.

Le message, elle le savait, serait déchiffré puis détruit au fur et à mesure de son écriture.

Et elle fut heureuse de penser que nul ne pourrait relire sa lettre derrière son épaule et que seul, celui qu'elle nommait Chris dans le secret de son cœur, en serait le dépositaire.

Elle lui parla de son rêve nocturne et de son trouble de s'être éveillée mouillée d'une rosée qui ressemblait peut-être à celle du jardin d'enfance.

Elle lui parla de son voyage, et des hommes qu'elle devait conduire vers Dieu, et de Dieu qu'elle devait rapprocher des hommes.

Elle lui parla de l'Arche et de l'Alliance, lui révéla l'échelle tissée par ses pas, par ses gestes, ses paroles et même par ses silences, et qui un jour servirait de pont à ceux qui la suivaient.

Puis elle lui raconta l'histoire d'une mer ensanglantée, poignardé par la pointe de l'aile d'une colombe qui s'était ensuite dissoute dans la lumière du ciel.

Et ce fut une colombe ayant pour destination l'Au-delà qui troua l'azur et inscrivit au ciel le point final de sa missive.

- 13 -

La femme repensa alors à ce rêve nocturne qui l'avait troublée et marquée de son empreinte transparente.

Elle se souvenait qu'il y avait eu le regard d'un homme : était-ce Chris ou bien un autre, elle ne pouvait le dire avec certitude car seul le regard demeurait identique au regard, au travers des siècles, des rêves et des réalités.

Et le regard de l'homme, quand il l'avait touchée, tel un rayon laser, l'avait transformée en corps luminescent, traversée par une énergie lumineuse très puissante.

Et le regard, qui continuait à la décomposer en poussières vibratoires de lumière, avait peut-être accentué sa pression.

Car c'est alors qu'elle avait vécu la dissolution de son corps, son évanouissement absolu, tandis qu'elle était là cependant, stupéfaite d'assister à la transmutation des particules de la matière de son propre corps en parcelles de lumière, vivant son propre anéantissement, témoin de sa métamorphose invisible.

Elle avait gardé de ce rêve comme un goût de paradis perdu et de jardin abandonné envahi d'herbes hautes.

L'éclat de lumière et la pointe incisive du regard alchimiste s'étaient inscrits dans le bois-même de cette vierge-enfant qu'au fond de sa poche elle caressait parfois du bout des doigts et du cœur.

La femme égrenait alors des souvenirs qu'elle ne savait pas lui appartenir.

Tout simplement, ils étaient là, présents en elle, et elle les découvrait au hasard d'une promenade dans son labyrinthe intérieur.

C'est ainsi qu'elle se souvint avoir observé son corps de lumière endormi.

Il y avait aussi, cette autre fois, où lumineuse et transparente, elle regardait au-dessous d'elle son corps dés-habité et mort, guenille abandonnée et glacée.

Quand elle se souvenait de ces moments-là, c'était un peu comme si tout à coup sa vue s'éclairait, comme si les voiles accumulés entre elle et la réalité cachée des choses tombaient et lui laissaient entrevoir la Vérité, nette et évidente.

Et puis le souvenir s'estompait et des bribes de nuages brouillaient alors sa vue tandis qu'elle s'efforçait de rattraper, rien qu'un instant encore, l'image, la sensation, par le pan de leur voile qui s'effilochait dans sa main tendue, dans sa main qui s'accrochait désespérément au néant de l'oubli.

- 14 -

Kaz-Évane répéta une phrase - source jaillie d'une nappe souterraine qui reposait en elle depuis mille ans peut-être - et elle sut qu'elle allait la transcrire pour Chris.

Elle chargea donc la pluie de dessiner les lettres qui ruisselaient en phrases sur la vitre de la grande chambre vide.

Et le ciel, en pleurant, se mit à parler à l'homme.

Il lui dit que la femme, un jour, s'évanouirait dans le silence du désert et qu'il la retrouverait dans l'air mauve du soir ou dans le sourire d'une étoile.

Il lui dit que la femme, un jour, se tairait. Que son silence raconterait toutes les vies des hommes, toutes les joies et les souffrances, tous les espoirs et les désespérances, toutes les histoires passées et à venir, et qu'il suffirait alors de savoir écouter le murmure du vent dans les herbes hautes d'un jardin abandonné, ou bien le soupir muet d'une vierge-enfant endormie.

Le ciel parla longtemps à l'homme, laissant s'écouler son encre incolore sur la vitre de la grande chambre vide.

Et l'homme, fatigué de déchiffrer les transparents messages, s'endormit en rêvant de la femme inconnue dont le visage obsédant toujours lui échappait.

Il ne pouvait parvenir à la voir et s'essoufflait dans une vaine poursuite.

Chaque fois qu'il la découvrait proche, la silhouette disparaissait au détour d'une ruelle étroite sur laquelle des dizaines de portes semblables se fermaient.

Chaque fois, qu'enfin, la femme allait se retourner vers lui et qu'il s'apprêtait à fixer en lui ses traits mystérieux, un obstacle se dressait entre elle et lui qui l'empêchait de la voir.

Ou bien il trébuchait et quant il retrouvait son équilibre la femme s'était évanouie. Une autre fois, il eut le temps de la voir se diriger vers lui, mais l'objet métallique qu'elle portait dans ses mains, en reflétant violemment la lumière du soleil, l'aveugla et il ne put distinguer aucun de ses traits.

Il la rencontra une dernière fois dans la vieille Ville endormie et sombre. Elle portait ce soir-là un voile couleur de lune qui la dissimulait aux regards.

Quand l'homme la croisa, il reconnut cependant son regard à la qualité de son éclat et à l'intensité de son rayonnement.

Bouleversé, il voulut dénuder la femme de l'étoffe qui la lui dissimulait.

Mais elle s'échappa promptement, déchirant dans sa fuite le voile protecteur.

Quand l'homme se réveilla au cœur de cette nuit agitée, la lune au ciel était comme déchiquetée par un nuage qui la mordait, et l'homme surpris découvrit, serré dans sa main, le morceau d'étoffe lunaire auquel il s'était agrippé.

- 15 -

Puis les mille et une facettes de sa mémoire miroitèrent au soleil sur le lac de ses pensées éclatées.

Il aurait alors voulu pouvoir les rassembler, mais elles lui échappaient comme les reflets changeants d'une moire insaisissable.

Il avait aimé cette femme éphémère, rêvée ou aperçue dans la ruelle sombre de la vieille Ville et dont les traits, jamais, n'avaient pu s'imprimer en sa mémoire qu'il contemplait en ce moment.

Il espérait sans doute trouver dans un de ses éclats une bribe de visage ou un indice qui l'aurait mené vers elle.

Et pourtant, il savait bien que la femme ne se cachait pas dans cette mémoire-là qu'il avait étalée devant lui.

Il sourit malgré lui, soudain emporté sur le chemin qui conduisait en lui-même.

Alors il ferma les yeux.

Bien qu'immobile, il avança sur le sentier caillouteux et sec.

Le sol était dur, et plusieurs fois il trébucha, pressé d'atteindre le but mystérieux de son errance.

Bien qu'il ne vît pas le soleil dans le ciel sans couleur, il avait chaud, et la sueur sur sa peau se mêlait à la poussière que ses pas soulevaient.

Plusieurs fois, il essuya du revers de la main son front et ses joues mouillés, et son visage - creusé de rides peu nombreuses mais profondes - prit alors l'aspect du chemin terreux.

Il avança longtemps dans ce paysage désertique sans savoir où il allait, la sinuosité du chemin lui fermant l'horizon.

Il crut bien reconnaître la maison d'enfance, mais elle s'évanouit dès qu'il s'en approcha.

Plus loin, il sentit un regard posé sur lui et sut qu'il s'agissait de celui d'une jeune fille presque enfant qu'il avait connue bien des années auparavant et qu'il croyait avoir tout à fait oubliée.

Il sentit longtemps son regard grave peser sur sa nuque en un muet reproche.

C'est alors qu'il découvrit la grille rouillée, plantée dans les herbes hautes d'un jardin abandonné, tellement insolite dans cet endroit aride qu'il sut qu'il s'agissait d'une erreur.

Il en fut pétrifié, pressentant en ce lieu étrange la présence de la femme qu'il ne connaissait pas.

Quand il poussa la grille, le grincement des gonds fut couvert par les battements sourds de son cœur.

L'odeur d'herbe folle l'enivra et les souvenirs l'assaillirent alors, tandis qu'il allait puiser dans la mémoire d'une vierge-enfant inaccessible.

- 16 -

Il pensa que seule Kaz-Évane devait savoir - par delà l'espace et le temps - la vérité d'une main qui caresse longuement la souffrance de l'homme comme pour s'en imprégner et tenter d'apaiser les sanglots qui secouent un sommeil tourmenté.

Il souhaita la retrouver, dans l'épaisseur de cette nuit douloureuse et se découvrir nu au regard qui contenait l'infini.

La caresse qu'il appelait en vain se fit silencieuse Présence, et lorsque au matin hésitant il ouvrit les yeux, il découvrit la femme, les mains jointes, absorbée en une muette prière, se confondant avec le rayon de soleil qui pénétrait la pièce de la lame de son épée.

Bien qu'il ne bougeât pas - saisi d'émotion devant l'intensité de sa vision - la femme posa son regard sur lui.

Suffocant, il s'anéantit un instant dans le noir de ce puits sans fond avant de regagner les eaux vertes de l'océan qui emplirent ses yeux.

Quand il atteignit le rivage, la femme avait disparu.

Et la légère odeur de jasmin qui flottait dans l'air était la seule trace perceptible d'une présence que l'homme avait peut-être rêvée.

Aucun pas en effet ne marquait le sable de la plage que les gens de là-bas nommaient la plage de la vierge-enfant.

Et seule une mouette blanche, virevoltant dans le ciel d'ardoise, semblait inscrire pour lui les lettres d'un mystérieux message, écho d'une lettre écrite pour lui par une colombe disparue.

- 17 -

Les paupières clauses sur son présent incertain, l'homme sentit le cri ancestral se prolonger en lui, envahir tout son corps qui se mit à vibrer comme une cloche sous le choc d'un gond.

Puis le cri issu de son ventre descendit jusqu'à son sexe qu'il raidit de douleur et monta jusqu'à sa gorge en s'enflant au passage de tous les cris qu'il avait retenus, de tous ces cris muets hurlés dans le silence des peurs nocturnes.

C'est alors que la peur s'empara de lui, brusquement. Et il la reconnut, familière et pourtant étrangère.

Il savait l'appétit de ce rongeur patient qui logeait en ses entrailles et qui emprunterait le chemin que le cri avait tracé dans son corps, en absorbant toute trace de ce cri.

Paralysé sur la couche de l'enfance par la bête qui grignotait jusqu'à ses pensées soudain effilochées, il lui fallait attendre que le temps le rendît à l'état de poussière initiale.

Quelques images se bousculèrent, inachevées et incertaines, tandis que toujours revenait la vision d'une icône représentant une Vierge-enfant, dont il ne distinguait que les seuls tons d'ors roses sans parvenir à discerner les traits du visage sacré.

L'espace d'un éclair, l'autre visage se superposa à celui de la Vierge, pour une Révélation qui le bouleversa.

Il se retrouva à genoux, toute trace de peur ayant disparu.

Et tandis que des larmes coulaient sur ses joues ravinées de pèlerin errant, il joignit les mains, reproduisant ainsi de la femme le geste qu'il avait surpris ou rêvé.

Quand la paix se fut enfin réinstallée dans le silence et la majesté de sa cathédrale intérieure, il vit l'icône qui rayonnait dans le chœur de son cœur.

Le regard-caresse de ce visage, réel et pourtant insaisissable, le pénétra de son amour infini.

Il berça doucement le petit enfant souffrant qui demeurait encore en lui, jusqu'à ce que la vérité et l'intensité de sa Lumière - telle celle du soleil - le fît devenir grand.

- 18 -

L'homme partit alors à la recherche de Kaz-Évane.

Et lui revinrent des images, poussées par un souffle de vent, souffle de Vie puissant.

Il reconnut ainsi, au sommet de la colline sèche, la Ville de pierre dont les ors roses se confondaient avec ceux de l'icône sainte.

Il reconnut le visage de Madone qui emprunta un instant les traits de l'autre visage.

Il reconnut l'armoire ancienne qui servait de tabernacle au drap souillé par un mystère qui lui restait étranger.

Il reconnut même - vision prémonitoire - la lumière aveuglante du silence fracassant.

Il sourit à la mouette blanche qui sur le ciel dessinait de nouvelles arabesques qu'il déchiffra sans difficulté.

Il sentit de nouveau l'odeur sucrée du jasmin l'étreindre et le transformer en vague déferlante, perlée d'une écume qui disait sa jouissance.

Il devina, plus qu'il ne reconnut, l'ébauche d'une caresse qu'une main invisible mais réelle esquissait sur sa joue.

Il reconnut, surpris, les herbes hautes d'un coin de jardin abandonné dont les grilles rouillées n'avaient pu empêcher une vierge-enfant d'aller s'offrir en sacrifice sur l'autel de la nuit.

Il frissonna alors de tous ses os, comme si un froid polaire venait de s'emparer du reste de sa vie.

Mais le sourire-caresse revint. Et le regard d'océan infini le considéra si gravement qu'il comprit que sa vie ne lui appartenait plus.

Il lui fallait maintenant tout quitter pour suivre le chemin qu'indiquerait pour lui la volonté du Souffle.

Il avait passé ses longues années de vie à enseigner au cours de son errance. Il sut à cet instant que l'Errant devenait Pèlerin et que le Maître se transformait en Témoin.

Alors il s'en alla et jeta un regard détaché à cette enfance à laquelle il renonçait pour mieux la découvrir.

Et, libéré du poids de son passé, conscient que ses pas ne lui obéissaient plus, c'est l'esprit léger qu'il marcha sur l'étroit sentier qui conduisait vers la Lumière.

- 19 -

L'homme marchait, uniquement préoccupé à découvrir la vie de son corps habité de tant d'âmes différentes.

Car sa tête renfermait l'âme d'un ancien Sage fort cultivé, dont tout le savoir s'était transformé en Connaissance muette qu'exprimait un sourire permanent.

Son regard témoignait d'une joyeuse gravité et s'inscrivait, présent, en chaque chose et en chacun.

Sa bouche ne s'ouvrait que pour émettre de justes paroles, car elle respectait le proverbe chinois qui conseille : « Si tu as un mot à dire, compare-le au silence. Et s'il est moins beau, alors tais-toi. »

L'âme de son corps avait appartenu à un athlète, en ce temps où l'homme entretenait tout à la fois son esprit, son corps et son âme, dans une parfaite harmonie.

Il connaissait par elle les lois de la nature, retrouvait d'instinct les rythmes cosmiques, la direction et le moment où diriger ses pas ou bien coucher son corps.

Comme mû par un sens aujourd'hui oublié, il découvrait quotidiennement la nourriture nécessaire à sa survie, quand des hôtes pauvres mais généreux ne lui offraient pas de partager leur repas frugal.

Ses mains, longues et fines, possédaient l'âme d'un artiste : peut-être peintre ou musicien, mais aussi guérisseur. Ses mains offraient l'amour, donnaient parfois la vie et laissaient une trace lumineuse s'imprégner en chacun jusqu'à ce qu'une douce sécurité ait remplacé la souffrance initiale.

Son cœur était celui d'une femme juive, courageuse et généreuse. Elle avait su lutter contre l'injustice, protéger et aider tous ceux qui se trouvaient en danger autour d'elle. Et quand elle avait été capturée, c'est la tête haute qu'elle était partie vers la mort, le cœur empli d'amour pour ceux qui l'assassinaient.

Ses jambes étaient celles d'un errant. Musclées, elles faisaient songer à de solides lianes noueuses.

Mais l'âme de ces jambes-là possédait une mémoire que le fil des siècles n'entamait pas.

Et les jambes, parfois, se souvenaient, sous l'effet d'un élément extérieur.

Un petit caillou sur le sentier rocailleux le faisait légèrement trébucher, et se superposait alors une autre scène : ses pieds nus s'écorchaient au chemin, tandis que la lourde croix qu'il portait sur son dos l'accablait, du poids de son bois et de la haine rassemblée autour de lui.

Il entendait les cris et les injures, les sarcasmes et les trahisons tandis qu'il pleurait du sang et de la sueur.

Et puis de nouveau, il était là, présent à ce chemin où il avançait seul, conservant quelque temps en son corps l'empreinte de la souffrance passée.

Un soir, ayant ôté ses chaussures pour soulager ses pieds fatigués, il s'apprêtait à traverser une prairie d'herbes hautes pour se baigner dans la rivière qu'il apercevait et dont le murmure l'avait guidé.

Il reçut en plein cœur le choc de son pied posé sur l'herbe humide.

Tout près de lui, étendue sur le dos, les bras en croix, la vierge-enfant fixait le ciel d'un regard qui n'appartenait plus à ce monde, un regard lointain qui percevait sans aucun doute l'invisible.

L'homme était à ce moment tout entier dans ses jambes, si bien qu'aucune de ses autres âmes, ni celle du Sage, ni celle de l'artiste-guérisseur, ni celle de la résistante juive, ne put intervenir.

Si bien que l'homme eut peur. Peur de cette enfant provocante de pureté et qui semblait connaître les secrets de l'Univers.

Peur de lui-même, dont le sang battait trop fort en ses veines, dont les jambes tremblaient d'une émotion si intense qu'il ne put la retenir.

Il se précipita sur l'enfant pour la secouer et tenter de la sortir de son silence et de son immobilité de cadavre.

Mais l'enfant ne bougeait pas, ne semblait ni le voir, ni l'entendre, ni sentir ses coups.

Beaucoup plus tard, c'est la fraîcheur de sa couche et le murmure du ruisseau qui le rappelèrent à son présent.

Les herbes hautes alentour n'avaient pourtant été cassées par aucun corps d'enfant...

Profondément troublé par ce souvenir qui lui appartenait sans être vraiment à lui, il se rendit rapidement jusqu'à la rivière dans laquelle il plongea son corps nu, comme pour le laver d'une ancienne souillure.

- 20 -

Il savait maintenant - et cela s'imposait à lui comme une étoile filante s'agenouillant à ses pieds - qu'il lui faudrait connaître et vivre tous les silences, qu'il aurait à traverser leurs différentes épaisseurs, leurs densités variables, leurs qualités de pureté et de luminosité aussi changeantes que les reflets de la mer.

Et il entra dans la première chambre du Château du Silence.

C'était une chambre haute dont les murs et le plafond étaient tendus de tapisseries et d'étoffes blanches : moires et soieries somptueuses, luxueux brocarts et damassés.

Le sol - recouvert d'épais tapis de laine blanche immaculée - absorbait le bruit de ses pas, et il sourit en constatant que cette neige vierge en absorbait aussi toute trace.

Le silence y était aigu et acéré, d'une pureté cristalline qu'il retrouvait dans la forme et la matière transparente des quelques objets qui ornaient silencieusement la pièce, comme sculptés dans la glace.

De grandes vitres permettaient au soleil d'inonder de lumière cette blancheur éclatante, et il fut presque étonné que givre et neige ne fondent pas instantanément.

Il ne ressentait d'ailleurs aucune chaleur en provenance de ce soleil, rien qu'une exceptionnelle luminosité qui n'altérait pas la fraîcheur de l'endroit.

Il écouta : même sa respiration se faisait inaudible, et le battement de ses cils dessina un trait imperceptible dans ce silence géométrique.

Le silence, ici, n'avait ni couleur, ni odeur, ni saveur. Il était inerte et toute vie semblait s'en être retirée.

Alors, il poussa une porte qui s'ouvrit sans grincer dans ses gonds - ô la grille rouillée du jardin abandonné qu'il avait entrevue ou dont il avait rêvé !

Puis il pénétra dans la seconde Chambre du Château du Silence.

Il y faisait très sombre, et il crut reconnaître une chapelle, car le silence ici avait odeur d'encens et semblait habité bien qu'il n'y eût personne.

C'était un silence de paix, un silence dont chaque particule portait la joie de Dieu en elle. Quand il fermait les yeux, le silence l'emplissait d'un bonheur ineffable, car ce silence-là était source de Vie.

Il le sentait monter en lui comme une marée qui effaçait toutes ses souffrances passées.

Bien que la pièce fût sombre - car seules des bougies et des cierges l'éclairaient - il se sentit tabernacle abritant une lumière intérieure qui rayonnait beaucoup plus intensément que celle du soleil qu'il avait vu auparavant.

La chapelle était petite, mais si haute qu'il n'en voyait pas même la voûte.

Et il se plut à penser que sa nef se confondait peut-être avec celle du ciel.

Bien qu'il aimât le réconfort de ce silence paisible, il lui fallut pourtant partir pour découvrir d'autres silences qui l'attendaient ailleurs.

- 21 -

Il se rendit dans la Troisième Chambre du Château du Silence et découvrit une grotte taillée dans le roc de la montagne, dure et froide et lisse comme les statues nombreuses qui l'habitaient silencieusement.

Il posa sa main sur un buste dont la peau de pierre était cependant vivante, et il tressaillit, pris de vertige, dans cette pièce où la vie s'était faite silence et pierre.

Était-ce par crainte de lui-même, ou parce qu'une statue de vierge-enfant lui rappelait trop de souvenirs ?

Était-ce parce qu'il avait lui-même sculpté dans la pierre de ses longues mains blanches d'artiste les corps qui étaient prêts à marcher, à courir, à danser et même à rire ?

Quelle qu'en soit la raison, il ne s'attarda pas dans cette chambre-là et poussa ensuite une lourde porte.

Comme une pierre tombale, elle roula silencieusement sans même un gémissement, et il pénétra par un étroit couloir dans la Quatrième Chambre du Château du Silence, celle de l'Après-Vie.

Curieusement, ce couloir qu'il aurait volontiers imaginé sombre s'il avait pu l'imaginer, était si lumineux qu'il semblait éclairé d'une façon particulière.

La lumière ne provenait ni des parois, ni de la voûte, ni d'aucun point précis.

Elle ETAIT, et il se trouva saisi par cette transparence d'or que paraissait diffuser chaque parcelle de poussière de l'air ambiant.

Et il avança, comme porté vers ce lieu secret et sacré.

Tout y était d'une légèreté inconnue de lui jusqu'alors : la lumière, les couleurs, les odeurs et puis, stupéfiant, le silence qui semblait égrener sa douce mélodie.

Il se fondait au paysage ou plutôt paraissait sécrété par lui comme la lumière.

Il reconnut une rivière qu'il n'avait pourtant jamais vue et une extraordinaire Citadelle dont les ors et les roses lui rappelaient...

Et il sut les sept portes qui en gardaient l'entrée.

Lorsqu'il ferma les yeux dans une prière muette, la lumière de trois soleils resta présente en lui, et il entendit encore mieux la qualité de ce silence d'éternité qui avait la légèreté de l'instant.

Puis une musique divine, provenant du silence lui-même, le plongea dans un véritable ravissement.

Il s'agissait d'une musique sans aucun son audible mais dont chaque note était composée d'une infime partie de ce silence magique.

Il comprit alors pourquoi tout ici se trouvait être si léger, l'éternité se situant hors du temps et de la pesanteur.

Le silence immobile flottait pourtant comme un voile de mariée éclatant de blancheur immaculée.

Bizarrement, ce silence de mousseline aérienne paraissait suspendu au visage virginal du silence éternel que nul bruit, jamais, n'avait entaillé.

L'étoffe en était neuve et parfaitement repassée, aucune trace de cris, aucun accroc de pas, aucun pli de respiration.

Il sut qu'il ne rencontrerait pas la femme dans cette Chambre de l'Après-Vie, et il franchit l'horizon pour pénétrer dans la cinquième Chambre.

- 22 -

La Chambre où il entra n'était qu'une antichambre conduisant vers un ailleurs ignoré.

Son silence était coloré, fleuri et fruité comme un jardin qui sentait bon le jasmin et le chèvrefeuille.

Une fois encore les souvenirs le submergèrent comme si le silence de cette pièce - bien que joyeux et vivant - le rendait plus vulnérable.

Il continua sa route. L'arc-en-ciel qui dessinait l'arche d'alliance entre l'avant-vie et la vie, lui servit de piste pour se rendre au désert de la Sixième Chambre.

Il retrouva, surpris, son corps amaigri et fatigué que tant de soleils avaient tanné.

La gorge sèche de trop de mots tus, il s'avança sur le sable qui se refermait sur chacun de ses pas comme l'huître sur la perle précieuse.

Il ne savait pas encore qu'il était en train d'écrire à même le sol le message mystique qui guiderait tant de pèlerins en quête du Saint-Graal.

Et soudain, dans le silence absolu de cette étendue infinie, il reconnut - invisible - la présence de la femme.

Ce n'était pas qu'il aperçût sa silhouette ou entendît sa voix, ni même qu'il soupçonnât son parfum mêlé à l'air empli d'un silence granuleux et pesant.

Simplement, il savait qu'elle avait marché en cet endroit précis que rien ne pouvait pourtant différencier du reste du désert, uniformément semblable à lui-même.

Il savait qu'elle avait tracé dans l'Inconnu la Voie qu'il suivait maintenant.

Et bien que devant lui le sable s'étendît en une surface lisse et vierge, il ne fit rien d'autre que de poser ses pieds sur des traces de pas évanouies.

Il scruta le silence d'une exceptionnelle profondeur et comprit que c'était l'écho du silence se répétant à l'infini qui donnait au silence ce relief particulier.

Il marchait peut-être depuis quarante jours quand il entendit la présence lumineuse de la femme.

Sans la voir - mais saurait-il jamais la voir ? - il la sentit si proche qu'il s'arrêta, craignant peut-être de bousculer sa transparence aérienne.

Il entendait distinctement ses paroles muettes qui lui demandaient de poursuivre inlassablement sa marche car il allait trouver...

Mais c'est alors que trébuchant sur un monticule de pensées parasites, il ne put entendre la fin de la phrase silencieuse.

De nouveau concentré, il essaya de capter les mystérieux messages portés par le désert.

Mais le ciel, peut-être en signe de vengeance, se taisait maintenant.

L'homme, harassé, reprit son cheminement sous le soleil. Le sable avait peu à peu fait place à un gravier doré qui écorchait douloureusement ses pieds nus, quand il se trouva devant une haute dune rocailleuse.

Le silence s'était fait plus lourd, aussi dur et tranchant que les pierres du chemin.

Et sept fois Chris tomba, et sept fois l'invisible Présence le fit se relever, les habits déchirés, le corps ensanglanté.

Et peut-être qu'un drap, souillé par ce sang-là, irait un jour rejoindre la vieille armoire cirée.

Arrivé au sommet de la colline, il s'effondra sur le sol.

Du sable crissa entre ses dents, tandis que, les yeux clos, il sentait tout son corps se mêler à la terre, redevenir poussière âcre et sèche qui envahissait son nez et sa bouche et ses yeux.

Ses lèvres desséchées auraient voulu dire, mais ne pouvaient que s'agiter dans un silence pathétique, comme si la bande-son de ce film-là avait été perdue.

Et pourtant, il savait qu'il lui fallait rompre le silence figé de cette mort apparente, pour qu'il puisse franchir la porte qui ouvrait sur la Septième Chambre.

Alors, désespoir et espoir s'unissant en une même force d'une violence extrême, il hurla le nom magique de Kaz-Évane, déchirant ainsi l'étoffe du linceul.

- 23 -

Mais il ne put ouvrir la porte de la Septième Chambre car c'était celle des Épousailles et le temps n'était pas encore venu pour lui - ou bien était-il déjà passé ? - de s'unir à ce silence-là.

Kaz-Évane cependant avait décidé d'écrire l'histoire de Chris avec des lettres en cheveux d'ange dont l'or éclairait la nuit océane qui lui servait de page.

Tout d'abord, elle fit relever le lourd rideau rouge de théâtre qui lui avait servi de suaire.

Les applaudissements et les clameurs de la foule saluèrent alors le retour de Chris qui descendit de son arbre-croix comme si de rien n'était, sourd et aveugle à ce qui se passait dans ce théâtre d'apparences.

Et elle reconnut, flottant au vent, sa longue écharpe noire enroulée autour du cou meurtri, comme pour effacer toute trace de rupture, comme pour dissimuler la souffrance passée.

Puis il disparut furtivement dans une ruelle sombre sans se douter un instant que celle qu'il cherchait partout avait dirigé le spectacle qu'il venait de donner.

Fantôme silencieux, il avait déjà goûté tant de silences qu'il en avait gardé la transparente légèreté.

Elle continua longuement à écrire, les souvenirs se mêlant aux visions et les rêves à des récits imaginaires.

Pourtant, elle savait qu'elle ne trahirait pas - sinon les faits qui n'avaient peut-être jamais existé - du moins ce qu'il était, respectant ainsi la muette promesse qu'elle lui avait faite à travers le vent.

Elle écrivit ce jour où l'homme-acrobate avait traversé la place du village en marchant sur le fil de ses pensées.

La foule, attentive au moindre de ses pas, retenait son souffle, les yeux tournés vers le ciel.

L'homme paraissait encore plus grand et maigre, et sa marche hésitante semblait bégayer, accroissant la tension des spectateurs inquiets.

Lorsqu'il eut franchi la moitié du chemin, l'homme s'arrêta. Et le balancement de son corps dans le vide étant prémonitoire créa un instant suspendu dans le temps.

La foule, craignant le pire, cessa de respirer.

C'est alors que l'homme sembla sortir d'un rêve et que, retrouvant une démarche terrestre, il termina son parcours en courant avec désinvolture, réintégrant ainsi le temps échappé.

L'homme-acrobate était aussi acteur, et il aimait jouer avec l'émotion de ces gens venus le regarder.

Et puis toujours, après son numéro, il s'évanouissait de façon tellement imprévue que beaucoup se demandaient s'ils n'avaient pas été victimes d'une hallucination.

La femme ne se trouvait pas habilitée à répondre à cette question, n'étant peut-être elle-même qu'une simple illusion, mais elle poursuivit cependant son récit.

Elle raconta ainsi leur toute première rencontre.

Et en déroulant la pelote de leurs mémoires mêlées, elle découvrit avec stupeur que cet instant avait été différemment enregistré sur les bandes parallèles du souvenir.

Elle se souvenait encore très bien de ce soir-là, et elle n'avait pas même besoin de relire le livre de sa vie pour y retrouver la grille rouillée et le jardin abandonné tout empli d'herbes hautes qui lui avaient servi de couche.

Elle aurait pu redessiner chaque étoile complice, minuscule clou d'or piqué sur le panneau de nuit.

Elle pouvait à volonté faire revenir à ses narines émues l'odeur chaude d'herbe humide mêlée au parfum un peu fort de chèvrefeuille.

Et puis les gonds rouillés qui grincent.

Et puis.

Là s'arrêtait sa mémoire.

Elle savait qu'elle l'avait rencontré en cet instant dont il ne restait aucune trace, puisqu'il n'avait plus jamais cessé de l'habiter ensuite.

Mais elle ne découvrait dans le grand livre qu'une page arrachée dont la lecture lui avait été interdite.

Elle ne se souvenait que des pages blanches qui suivaient, que du silence dans lequel elle s'était trouvée murée pendant de longs mois, le silence de la Septième Chambre du Château du Silence que pas même Chris n'avait pu franchir au cours de son errance.

Aussi, qu'elle ne fut pas sa surprise de déchiffrer leur première rencontre dans le livre que la mémoire de l'homme lui avait confié.

C'était une fin d'après-midi et le soleil déjà très bas enrobait d'une lumière dorée et rose le paysage où il se trouvait. Il était fatigué par sa longue marche et se réjouissait à l'idée de se reposer près de la rivière dont il entendait le chant paisible et cristallin.

C'est alors qu'il avait vu la femme, debout devant le soleil vers lequel elle tendait les bras, dans une totale nudité, pudique et sacrée cependant.

Il l'avait trouvée si belle dans sa majesté irréelle que caressait la lumière du soir que, sans un bruit, il était tombé à genoux à vingt pas d'elle et qu'il s'était mis à pleurer dans le plus grand silence.

Il avait su en cet instant magique qu'il retrouverait toujours cette femme à laquelle il était désormais lié de façon irrémédiable.

- 24 -

La main de Kaz-Évane se mit alors à hésiter.

Elle qui savait tout des autres, de leurs attentes fiévreuses et de leurs nuits obscures dans lesquelles s'enlisaient les cris d'angoisse, les plaintes d'agonie et les gémissements de plaisir, elle qui savait leurs espoirs et leurs élans, leurs souffrances et leurs doutes, qui pouvait lire dans la mémoire passée et future du voyageur éphémère, que savait-elle donc d'elle-même?

Sa main, soudain muette comme la petite fille du jardin abandonné, s'immobilisait devant la page arrachée au grand livre de la Vie et se heurtait contre la grille rouillée de son enfance qui lui interdisait l'accès à son jardin intérieur.

Elle regarda à travers les barreaux pour tenter d'y apercevoir des bribes de souvenirs.

Mais à la place des images attendues, ce furent les sensations qui surgirent alors.

Sans doute avait-elle fermé les yeux pour mieux être à l'écoute de ce qui se passait en elle.

Une douceur infinie pénétra chaque parcelle de son corps et de sa peau, comme caressée par un rayon de soleil et un souffle de brise.

Une grande paix silencieuse l'emplissait toute, au point qu'elle se sentit submergée par cette sensation physique du bonheur.

Fut-ce le grincement de la grille rouillée ou bien le crissement d'étoffes déchirées qui rompit ce bonheur lisse et vierge ?

Aucune image ne se présentait à ses yeux clos tandis que son ventre devenu douloureux résonnait de cette fracture du silence.

Elle entendait son cœur battre si fort que ce bruit sourd l'empêchait de bien entendre le pas qu'elle devinait venir vers elle.

Puis ce fut la respiration qu'elle sentit si proche qu'elle ne put discerner s'il s'agissait de son propre souffle accéléré par l'émotion qui pressait son ventre dans un étau, ou bien un autre souffle, parfaitement accordé au sien parce qu'animé d'une même peur.

Soudain, elle se sentit soulevée de sa couche d'herbes hautes que son corps léger avait froissées. Ce fut comme une longue caresse sur tout son corps qui en frémit voluptueusement, s'abandonnant au bercement de la vague, au frôlement des feuillages, à la langue du vent qui léchait son visage.

Et puis l'incendie entre ses cuisses s'était déclenché tandis que la douleur montait en elle comme un soleil en deuil qui aurait explosé en son ventre, déchirant ses entrailles.

Elle ne se souvenait plus, elle ne voulait pas se souvenir, mais elle savait le cri étouffé dans sa gorge nouée à l'écho qui retentissait encore aujourd'hui en ses oreilles prêtes à éclater et à la voix qui s'était cassée là, et dont le fil ne s'était retissé qu'après de longs mois de silence immobile.

La femme ne disposant d'aucun autre élément pour déchiffrer l'absence de souvenirs, posa sa plume, soudain très lasse et elle leva les yeux pour regarder la ville par la fenêtre.

Elle vit alors les spires d'un long ruban de fumée en deuil qui flottait dans l'air gris, et elle salua Chris d'un imperceptible sourire.

- 25 -

Le livre des souvenirs de Kaz-Évane était un gros volume dont je ne me lassais pas de feuilleter les pages, moi qui étais chargée d'en écrire l'histoire.

Il y avait encore ce corps glacé et serein flottant sur la Mer Morte et dont l'esprit déjà baignait dans la Lumière de l'Au-delà, et qui se confondait un peu avec le corps inerte de la fillette bercée par les vagues de la brise nocturne soufflant dans les herbes hautes du jardin abandonné.

Peut-être était-ce sa mort qu'elle avait vécu alors dans cette fraction de temps oublié par le temps.

Et moi qui suis chargée de l'écriture de cette errance, je vois soudain ma main refuser de poursuivre sa route sinueuse sur la page arrachée au Destin.

Et ma mémoire surprise s'émeut de coïncider, parfois, avec cette autre mémoire plurielle dont elle est l'humble scribe.

Et mes paupières se ferment, rien qu'un instant. Pour mieux me souvenir des femmes vêtues de noir qui pleurent sur la plage l'enfant morte noyée, tandis que je leur parle d'une voix transparente pour tenter de leur faire partager l'extase lumineuse qui est la mienne depuis que je flotte, aérienne, au-dessus de mon corps d'enfant morte qui se laisse porter sans efforts par les eaux de cette Mer Morte.

- 26 -

Bien des siècles plus tard, en ce mercredi d'automne, le ciel était noir depuis déjà trois jours, et la pluie crasseuse semblait ne plus jamais devoir cesser. La grande lassitude des hommes avait laissé place à une profonde tristesse bientôt remplacée par une angoisse tenace.

Chacun attendait l'inévitable.

C'est alors que la femme sortit de la foule.

Je compris à sa précipitation tout à fait inhabituelle que sans doute elle s'était trouvée retardée alors que le Temps était venu.

Elle marchait difficilement, aidée par une jeune femme inquiète et pressée, et j'avais peine à reconnaître dans ce visage grimaçant de douleur les traits doux et purs du visage connu.

Ô, Chris, pourquoi m'as-tu laissée seule pour être le témoin impuissant de cette Apocalypse ?

A peine Kaz-Évane se fut-elle éloignée de la foule, que la déchéance de ses chairs subitement boursouflées et gangrenées s'accentua.

Tout se passa très vite : son visage gonflé et déformé ne ressemblait déjà plus à un visage humain tandis que ses bras tordus de douleur semblaient étreindre son corps secoué de convulsions violentes.

Alors je vis la femme se métamorphoser.

Ses membres devinrent lianes puissantes puis serpents noués qui s'enroulèrent autour de l'énorme boule de ce qui avait été son corps et que je reconnus être maintenant la Terre.

Et je sus que la femme-Dieu avait choisi de vivre en son corps l'agonie de notre planète afin que celle-ci fût épargnée.

Et je vis les souffrances hurlées par les bras tétanisés de douleur s'échappant de cette terre qui tournait de plus en plus vite sur elle-même. Et le tourbillon, bientôt, ne laissa plus discerner aucun trait qui rappelât la femme.

Seule, en toupie, la Terre s'agitait convulsivement sous mes yeux remplis d'émotion.

J'avais été chargée de conserver intacte la mémoire de la femme, et cette femme disparaissait maintenant devant moi après avoir fait siennes toutes les souffrances de l'humanité et de la planète elle-même.

Face à ce sacrifice vivant de la femme-Dieu, je me mis à prier, pensant qu'en cet instant d'agonie de la Terre, peut-être que Dieu avait besoin de Dieu.

La Terre bientôt ralentit sa course effrénée, me permettant de reconnaître au passage une chevelure et un bras.

Puis ce fut le visage qui m'apparut dans sa transparente sérénité, comme lavé de toutes les souillures commises sur cette Terre de toute Éternité.

Puis, dégageant progressivement ses bras et ses jambes imbriqués dans son corps ovoïde, la femme naquit à elle-même, belle et lisse, Joconde énigmatique et pure au sourire inachevé.

- 27 -

Sur la planète apaisée, je repris mon travail de scribe et trouvai dans la mémoire de Kaz-Évane, la trace d'une lettre d'Elfheim.

Elle ignorait presque tout de cet homme, hormis qu'il semblait avoir bien connu Chris avant que celui-ci ne disparaisse, et qu'il pleurait son départ comme un abandon, déposant des lettres ici ou là, comme les cailloux du Petit Poucet qu'il semblait être.

C'était une de ces missives que Kaz-Évane avait trouvée sur la route, adressée à celui qu'elle cherchait justement.

Elle aurait aimé pouvoir dire à cet inconnu combien, au contraire, Chris lui avait été fidèle jusqu'à travers sa disparition-même.

Que c'était lui et non elle qu'il avait cherché dans ses errances infinies.

Que c'était vers lui que montaient tant ses chants d'allégresse que ses poèmes graves et mélancoliques, ainsi que ses longs silences emplis d'un amour ensoleillé.

Elle aurait aimé...

Mais Elfheim avait disparu lui aussi, parti à la recherche de l'éternel Errant. Et elle ne pouvait que parler à la nuit et au vent en espérant que son message, par delà les mers et les déserts, lui parviendrait un jour, peut-être légèrement déformé comme la plage de sable se réveille ridée de la caresse océane.

Arrivée à ce point de l'écriture, j'aurais aimé moi aussi que la femme partît en quête d'Elfheim, tant il me semblait essentiel qu'il fût rassuré et sût combien Chris l'aimait

Et puis j'étais curieuse, car cet ami énigmatique tombait du ciel dans la vie de cet éternel solitaire dont j'avais perdu la trace à travers la mémoire de Kaz-Évane que je tentais de déchiffrer.

J'aurais aimé voir Kaz-Évane parcourir tous les chemins susceptibles d'accueillir les pas de Chris et d'Elfheim, ces sentiers écartés que nul ne fréquentait, secs et rocailleux dans la montagne ou le désert, ou bien les routes de village qui menaient à une place où peut-être, un soir, se dresserait une scène de théâtre avec un rideau rouge.

Mais Kaz-Évane n'en fit rien, soit qu'elle sût que les retrouvailles des deux amis se feraient sans elle, soit qu'elle se sentît appelée par une force plus impérieuse.

A moins qu'elle ne crût pas en l'existence d'Elfheim, reconnaissant peut-être dans la missive qu'elle avait trouvée une fleur que Chris aurait semée pour elle sur le chemin afin qu'elle le cherche et le trouve.

Car tout était possible, et seule la femme savait.

Mais elle prenait plaisir à multiplier les pistes et à laisser vivre en elle des hypothèses diverses pour mieux m'embrouiller dans ma mission de scribe.

Je redevins donc, pour un instant, le serviteur de sa mémoire et j'écoutai monter en moi ses souvenirs qui m'étaient inconnus.

Parfois, l'image se confondait avec une mélodie où même des chœurs qui semblaient venir d'une abbaye située au centre de moi-même.

Ou bien les mots m'étaient murmurés par le vent du soir ou par le clapotis des vagues à marée haute.

Je scrutais la mémoire de Kaz-Évane, mais n'y trouvais qu'une succession de scènes colorées et odorantes, ponctuées de cris, de rires ou de chuchotements, de plaintes sourdes ou de bruits de pas, de prières et de silences, sans pour autant découvrir le mystérieux fil de soie qui reliait entre elles les pièces du puzzle éternel.

Bien sûr, j'aurais aimé savoir ce qui s'était passé dans les herbes hautes du jardin abandonné.

Mais Kaz-Évane, pour réparer la déchirure béante qui avait été faite dans le tissu de sa mémoire, l'avait reprisée à l'aide des fils multicolores de son imagination, si bien que je découvrais en lisant son histoire de multiples versions, comme autant de facettes d'une même vérité.

J'aurais aimé savoir à quel moment Chris avait réellement rencontré la femme, mais là aussi les souvenirs différaient d'une mémoire à l'autre, et même au sein d'une même mémoire.

On m'a désignée pour être l'écriture de cette errance, mais je m'égare parfois dans le labyrinthe de ces mémoires plurielles.

Et vous qui me lisez, n'aimeriez-vous pas savoir si Chris est mort ou simplement sorti de scène, et qui était Elfheim, précieux témoin à l'existence incertaine, qu'il nous faudrait peut-être retrouver pour connaître enfin la vérité ?

J'en étais là de mes réflexions, scribe en attente, quand le rire de la femme résonna à mes oreilles.

Elle riait, en effet, amusée par mes questions, et me murmura :

« Parce que vous croyez réellement pouvoir un jour connaître LA Vérité ? »

Pardonnez-moi, Kaz-Évane, de m'être ainsi introduite dans les fils noués des souvenirs empruntés à vos vies successives et parallèles.

Sur l'échelle cosmique de l'Éternité, toute parole et toute action imaginaires n'appartiennent-elles pas à la réalité de la petite musique conjuguée aux trois temps de la vie...

- 28 -

Puisque Elfheim apparaît seulement dans le filigrane de la mémoire de Kaz-Évane, ce soir je suis inquiète. Je me découvre aveugle, incapable de déchiffrer la mémoire de la femme, même du bout de mes doigts qui effleurent l'étoffe soyeuse d'une très longue écharpe noire qui m'attendait, accrochée à un arbre mort, sur le chemin enneigé.

Au détour de cette reconnaissance sensuelle, seuls mes propres souvenirs resurgissent tandis que, quelque part, la femme se tait, emmurée dans un deuil silencieux.

Et mes doigts aventureux caressent chaque pli, chaque grain du tissu d'une douceur de fin du jour, tandis que l'émotion peu à peu m'envahit.

Et lorsque je porte ce long foulard à mes narines frémissantes, un cri jaillit de mon temple intérieur :

« Chris est vivant! ». Et son parfum subtil et tenace me révèle sa présence tandis que mes larmes tachent l'étoffe délicate.

Et puis soudain, cette évidence : puisque seule Kaz-Évane connaît Chris, l'odeur qui me touche au plus profond de mon intimité ne peut être la sienne, mais celle de...

Roi Mage, vous surgissez. Yeux noirs, une longue écharpe noire autour de votre cou, et tout de noir vêtu.

Votre regard accroche le mien, s'empare de moi tandis que vous me prenez la main et m'entraînez dehors.

La forêt dans sa robe de mariée.

Le petit cimetière travesti sous la neige. Et les casques rouillés, plantés sur les vieilles croix en bois, sortes d'épouvantails.

Et nos pas qui marquèrent le matin transparent.

Nos quinze ans stupéfaits.

Pureté des herbes et des branchages soulignés d'un trait de cristal. Lumière et brumes matinales.

Blancheur immaculée du sentier devant nous.

Et le silence. Absolu.

Et puis votre beauté, excessive.

Désespoir de chacun de vos gestes, comme s'il était le dernier que la mort devait interrompre.

Précipitation de ces quelques heures dérobées, vécues par effraction dans un temps qui n'était pas le mien, peut-être destinées à quelque mystérieuse princesse...

Et puis ensuite, votre écriture. Provocante, insolente. Droite et pourtant tordue vers la droite et la gauche.

Détresse des jambages convulsés.

Dureté des bâtons cassés dont l'encre noire griffait le papier.

Violence des coups de plume qui taillaient avec assurance vos lettres anguleuses, avec un grincement qui restait perceptible à l'oeil.

Agressivité du script, irrégulier, heurté.

Isolement et combat de chaque lettre à l'intérieur du mot, de chaque mot sur la page transformée en champ de bataille.

Votre écriture, et donc vos lettres. Folles et graves.

A en mourir.

Et j'en mourais à chaque fois.

Les bâtons d'encens que vous m'envoyiez et dont la senteur m'enivrait tandis que je vous écrivais.

Tellement malodorants « Les Chants de Maldoror » que vous m'aviez fait connaître.

Aussi, le désespoir absolu de vos poèmes, et votre rage à vivre et à mourir.

Et puis un blanc qui s'étale un peu plus chaque année tandis que votre ombre s'allonge sur le temps de ma vie, un peu comme celle des croix de bois que le soleil étirait sur la neige, là-bas, dans le silence mat de nos pas écrasés.

- 29 -

Tandis que je déroulais l'écheveau de mes souvenirs, j'avais machinalement enroulé le long ruban de l'écharpe noire et soyeuse autour de mon poignet tout en m'agenouillant.

Était-ce un signe d'allégeance et de servitude, ou bien un signe de reconnaissance ou peut-être de tendresse tout simplement ?

C'est dans cette posture d'humilité extrême que Kaz-Évane me surprit.

Elle me présenta alors l'icône de la Vierge-enfant, celle dont les ors et les roses avaient laissé leur empreinte dans sa mémoire, et devant mon hésitation à recevoir cette offrande sacrée, elle me fit signe de la prendre et d'abandonner le foulard du passé, tandis qu'elle-même sortait de sa poche le morceau de bois que ses caresses avaient transformé en statuette.

Je me relevai et compris qu'il ne s'agissait plus pour moi de décrypter la mémoire de la femme, mais de marcher sur ses pas, vers la Lumière indiquée par l'icône et qui ressemblait tant à celle de ma chapelle intérieure.

Je cessai alors de m'interroger sur l'existence de Chris que je n'avais croisé que dans les pensées de Kaz-Évane, et sur celle plus hypothétique encore d'Elfheim, pour ne plus être à mon tour qu'une errante en chemin vers la Cité d'ors roses.

Et tandis que je quittais tout - jusqu'à mes souvenirs - pour suivre la voie menant à ce Palais aux sept portes précieuses, j'entendis les cailloux qui crissaient sous mes pas.

Et je m'aperçus qu'à mon tour je pouvais lire la mémoire des chemins.

C'est ainsi que je découvris les hautes herbes du jardin abandonné qui m'avait tant intrigué autrefois, et que le Destin, peut-être, - ou était-ce Kaz-Évane ? - me fit pousser la grille rouillée qui grinça sur ses gonds.

FIN

REMERCIEMENTS

Je remercie chaleureusement mes amis Marjorie MOULINEUF, Céline LE SAINT et Bruno CHAMPEYRACHE pour la contribution technique qu'ils ont apportée à la réalisation de cet ouvrage